INSTRUCTION

SUR

L'EXERCICE

DE

L'INFANTERIE.

Du 29 Juin 1753.

A PARIS,

DE L'IMPRIMERIE ROYALE.

M. DCCLIII.

INSTRUCTION

SUR

L'EXERCICE

DE

L'INFANTERIE.

Du 29 Juin 1753.

A PARIS,

DE L'IMPRIMERIE ROYALE.

M. DCC. LIII.

TABLE

DES

TITRES CONTENUS DANS L'INSTRUCTION SUR L'EXERCICE DE L'INFANTERIE, du 29 juin 1753.

INSTRUCTION

INSTRUCTION
SUR L'EXERCICE
DE
L'INFANTERIE.

Du 29 Juin 1753.

L'OFFICIER & le Soldat ayant dû se mettre en état d'exécuter tout ce qui leur est prescrit par les ordonnances & instructions que le Roi a fait remettre aux régimens d'Infanterie, concernant le service de ce corps en campagne, le maniement des armes & la marche des différens pas: il restoit à les former à ce que chacun d'eux, & tous ensemble, ont à pratiquer dans les mouvemens & évolutions que les bataillons doivent faire, soit devant l'ennemi, ou dans le cours du service journalier.

Pour mettre de l'uniformité dans cette dernière & principale partie des exercices militaires, il a fallu régler la manière dont les bataillons seront formés, en fixant la place que chaque Officier & Soldat occupera dans sa compagnie, & celle de chaque compagnie dans le bataillon. C'est par cette formation du bataillon, comme la base

A

& le principe de toutes les évolutions, que l'on a commencé la présente Instruction, où, après avoir traité successivement de la manière dont les Officiers doivent porter l'esponton & en saluer, de la marche, des évolutions par rangs, par files, par divisions, & en colonne, & des differens feux de pied-ferme & en marchant, on finit par indiquer comment les troupes doivent être formées dans les revûes.

Sa Majesté veut que les Commandans des corps tiennent la main, avec la plus grande exactitude, à ce que les troupes qui leur sont subordonnées soient instruites & exercées aux mouvemens qui y sont expliqués : Son intention étant que l'on n'en pratique point d'autres dans les camps qui seront assemblés cette année, sans la permission de ceux qui les commanderont ; & que les Inspecteurs vérifient, lors de leurs revûes, si tous les régimens seront en état de les exécuter. Elle veut bien que les Commandans de ces camps reçoivent les observations qui pourront leur être faites, pour rendre cet ouvrage plus parfait & plus complet ; & que les Commandans des corps qui ne camperont pas, adressent les leurs au Secrétaire d'état ayant le département de la guerre : mais Elle entend qu'il ne soit rien proposé à cet égard qu'en particulier, & sans déranger en aucune façon l'exécution de ce qui est ordonné.

D E L A
FORMATION DES BATAILLONS.

Arrangement des pelotons.

DANS toutes les occasions, soit pour camper, pour se mettre en bataille ou pour marcher, les compagnies d'un même bataillon seront couplées deux à deux pour former des pelotons dans l'ordre suivant.

La première & la septième compagnies formeront le premier peloton, qui fermera la droite du bataillon : la deuxième & la huitième compagnies formeront le deuxième peloton, qui fermera la gauche du bataillon : la troisième & la neuvième compagnies formeront le troisième peloton, qui se placera sur la gauche du premier peloton: la quatrième & la dixième compagnies formeront le quatrième peloton, qui se placera sur la droite du deuxième peloton: les cinquième & sixième pelotons, formés l'un des cinquième & onzième compagnies, & l'autre de la sixième & de la douzième, rempliront successivement dans le même ordre le centre du bataillon.

La compagnie des Grenadiers marchera à la tête du bataillon quand il sera en colonne; & elle se formera sur sa droite quand il sera en bataille. Le piquet sera à la queue du bataillon en marche, & se formera à sa gauche en bataille.

On avertira une fois pour toutes, que l'ordre des droites & des gauches doit toûjours être inverti lorsqu'une troupe marchera à colonne renversée, ou qu'elle se formera par sa gauche.

LORSQUE les régimens seront en bataille, les rangs & les files ouverts, les Officiers seront à la tête de leur troupe, comme il est prescrit par l'ordonnance du 7 mai 1750; mais toutes les fois qu'on fera serrer les rangs & les files pour manœuvrer, les Officiers prendront les places ci-après indiquées.

Le Colonel se tiendra au centre de son bataillon, trois pas en avant du premier rang; le Lieutenant-colonel à sa gauche, un demi-pas en arrière; les Commandans de bataillons au centre, & à la distance de deux pas du front de leur bataillon.

Le Capitaine de Grenadiers deux pas en avant de la tête de sa compagnie; & le Capitaine de piquet à la même distance de la tête de cette troupe.

Tous les autres Officiers entreront dans les rangs, ou passeront derrière leur troupe, comme il va être expliqué.

Le Capitaine de la première compagnie de chaque peloton formé par sa droite, se tiendra dans le premier rang à la droite du peloton, ayant derrière lui son Lieutenant au quatrième rang, & les deux Sergens au second & au troisième rangs.

Le Capitaine de la seconde compagnie du peloton se placera en serre-file derrière le centre du peloton : son Lieutenant fermera la gauche du premier rang, ayant derrière lui le premier Sergent au quatrième rang, le second au deuxième, & un Caporal au troisième.

Le Lieutenant des Grenadiers sera derrière la compagnie en serre-file ; le Sous-lieutenant & le premier Sergent fermeront la droite & la gauche du premier rang ; le second Sergent & le premier Caporal la droite & la gauche du quatrième rang ; deux autres Caporaux la droite & la gauche du second rang, & deux Anspessades la droite & la gauche du troisième rang.

Le Lieutenant du piquet se placera derrière en serre-file ; deux Sergens fermeront la gauche & la droite du premier rang ; deux Caporaux la gauche & la droite du quatrième rang ; un troisième Caporal & un Anspessade la gauche & la droite du second rang, & deux autres Anspessades la droite & la gauche du troisième rang.

S'il manque à une de ces troupes un Capitaine, Lieutenant, Sergent, Caporal ou Anspessade, sa place sera remplie par celui qui le suit dans ladite troupe ; sans cependant qu'aucun passe d'une compagnie à l'autre du même peloton, excepté pour les places de Commandant & de serre-file du peloton, qui seront toûjours remplies par les deux plus anciens Officiers de l'une ou de l'autre compagnie du peloton.

Chaque fois que les Officiers sortiront des rangs, les bas Officiers qui y seront en file avec eux, rempliront leur place ; celui du deuxième rang passant au premier, & celui du troisième au quatrième, laissant les places du deuxième & du troisième rangs vuides ; & lorsque les Officiers rentreront dans les rangs, ces bas Officiers reprendront leur première place.

On

5

On parlera ci-après de la place des Officiers dans les marches & dans les revûes.

LES deux files du centre du peloton seront remplies chacune par des Caporaux & Anspessades de la compagnie qui formera cette file. *Distribution des Soldats dans les rangs.*

Le reste des rangs de chaque compagnie sera formé, savoir, le premier rang, des plus anciens Soldats; le quatrième rang, de ceux qui suivront les premiers en ancienneté: on placera les autres successivement dans le deuxième & le troisième rangs, qui par ce moyen se trouvera composé des plus nouveaux Soldats.

On suivra le même ordre dans la distribution des rangs de la compagnie des Grenadiers.

A l'égard du piquet, on en rangera les Soldats sucessivement dans le premier, le deuxième, le troisième & le quatrième rangs, selon le rang que les compagnies qui les auront fournis tiennent dans le bataillon.

POUR former les pelotons dans cet ordre, on commencera, lorsqu'on battra l'assemblée, par ranger les compagnies en haie, suivant l'ancienneté des Soldats, par la droite ou par la gauche selon que les compagnies devront faire la droite ou la gauche d'un peloton : ensuite on fera sortir du rang les Caporaux & Anspessades nécessaires pour garnir les deux files de la compagnie, qui devront être sur un des flancs & du centre du peloton; & quand on aura marqué la séparation du reste en quatre divisions égales, on commandera : *Manière de se former.*

1. *Que la première division ne bouge.*

2. *Je parle aux trois autres.*

3. *A droite & à gauche, formez la compagnie.*

4. *Marche.*

LES deux premiers commandemens ne serviront que d'avertissement : Au troisième, les Soldats de la seconde

B

division feront à gauche ou à droite, & ceux de la troisième & de la quatrième feront à droite ou à gauche.

Au quatrième, les troisième & quatrième divisions marcheront devant elles, pour aller joindre la première, & la
deuxième division paſſera par derrière pour ſe mettre à la
ſuite de la quatrième.

Pendant que ces divisions marcheront, les Sergens,
Caporaux & Anspeſſades deſtinés à fermer les rangs, s'y
placeront où ils devront être.

Ce mouvement étant achevé, on commandera:

1. *Halte.*

2. *Remettez-vous.*

3. *A droite, ou à gauche, par un quart de
   converſion formez vos rangs.*

4. *Marche.*

Les divisions s'étant miſes en mouvement au quatrième
commandement, pour mettre la compagnie ſur quatre rangs
par un quart de converſion, elle marchera en cet ordre
pour ſe rendre ſur le champ de bataille à la place qui lui
eſt deſtinée, où les Officiers ſe trouveront pour en faire
l'inſpection.

Diſpoſition
des bataillons
d'un même
régiment.

Les bataillons d'un même régiment devant ſe placer
alternativement à droite, à gauche & au centre, on obſervera que l'ordre des pelotons des Grenadiers, & des piquets,
ſera renverſé, non ſeulement dans les bataillons qui fermeront la gauche du régiment, mais encore dans le
troiſième bataillon qui ſera à la gauche du premier, dans
les régimens compoſés de quatre bataillons; ce qui ne
changera rien à la diſpoſition des piquets dans les camps,
dont le faiſceau ſera toûjours à la droite de chaque
bataillon.

Régimens
Suiſſes.

Les régimens Suiſſes feront rangés dans le même
ordre que les régimens François, chacune de leurs compagnies formera deux pelotons commandés par le Capitaine & le Capitaine-lieutenant: le premier Lieutenant

fera de serre-file, & les rangs des pelotons seront emboî-
tés comme il est dit pour les pelotons des régimens François.

QUAND on battra aux drapeaux, le Major fera   *Drapeaux.*
porter le fusil sur l'épaule ; & le régiment ou bataillon
marchera tout de suite en avant, les Officiers chacun à
leur place.

Les deux drapeaux de chaque bataillon seront placés,
l'un entre les deux files du centre du cinquième peloton,
& l'autre entre les deux files du centre du sixième peloton.

Dans les régimens Suisses, ils seront au centre du premier peloton de chaque compagnie.

On commandera pour la garde des drapeaux les deux
plus anciens Sergens du bataillon, qui ne seront commandés pour aucun autre service : ces Sergens auront
avec eux chacun un Caporal & un ancien Fusilier de
leur même compagnie.

Dans les camps, les Enseignes se rassembleront avec
cette garde derrière les drapeaux lorsqu'on battra l'assemblée.

Quand le bataillon sera formé, ils iront se placer vis-
à-vis du centre du peloton dans lequel ils devront entrer ;
les deux Sergens marchant à leur droite & à leur gauche ;
les deux Caporaux derrière eux avec les deux Fusiliers ;
les Caporaux & les Fusiliers ayant les armes sur le bras
gauche, & la bayonnette au bout du fusil.

Le Major voyant arriver les drapeaux fera mettre la
bayonnette au bout du fusil & présenter les armes au
bataillon : les Officiers & Sergens se tiendront à leur
poste appuyés sur leurs espontons & hallebardes, & mettront le chapeau bas de la main gauche.

Dès que les Enseignes auront pris leur place à la
tête du bataillon, le Major fera cesser de battre aux drapeaux, & fera les commandemens nécessaires pour ôter la
bayonnette, & remettre le fusil sur l'épaule.

Lorſque les drapeaux paſſeront derrière le bataillon pour le maniement des armes, les Sergens, Caporaux & Fuſiliers chargés de les garder, y paſſeront auſſi, & ſe placeront auprès d'eux à la queue du bataillon comme ils étoient à la tête.

Ils entreront dans les rangs en même temps que les Officiers lorſque les bataillons devront manœuvrer; & alors les Enſeignes ſe mettront dans le deuxième rang, ayant au premier, devant eux, les Sergens, & derrière eux, aux troiſième & quatrième rangs, les Caporaux & Fuſiliers chargés de les garder.

Si lorſqu'on rompra le bataillon il arrive que les deux compagnies du peloton où ſeront les drapeaux, ſoient ſéparées, ils marcheront avec la onzième & la douzième compagnies, ſe plaçant à leur centre.

DE LA MANIERE
DONT LES OFFICIERS ET SERGENS
doivent porter leurs armes, & ſaluer.

Se repoſer ſur l'eſponton. LES Officiers d'Infanterie étant repoſés à la tête de leur troupe, auront les deux pieds égaux devant eux, les talons ouverts à un pied de diſtance : ils tiendront leur eſponton de la main droite à côté d'eux, le bras tendu à la hauteur de l'épaule, le pouce le long de la hampe, le talon de l'eſponton à terre, à ſix pouces du pied droit, & la main gauche pendante ſur le côté.

Porter l'eſponton. QUAND ils marcheront à la tête ou à la queue de leur troupe, ils porteront l'eſponton de la même main, le tenant par le milieu de la hampe, le bras pendant de toute ſa longueur, de manière que le talon de l'eſponton ſoit environ à un pied de terre.

Quand ils ſeront dans les rangs, ils porteront le talon de l'eſponton dans la main droite appuyée à la hanche, de manière que l'eſponton ſoit perpendiculaire entre la

tête

9

tête & l'épaule, & le bras droit tendu dans sa longueur, sans être gêné :

POUR faire passer dans le rang les Officiers qui seront reposés sur l'esponton à la tête de leur troupe, le Major avertira. *Entrer dans le rang.*

Messieurs les Officiers, dans le rang.

ILS commenceront par porter l'esponton dans la main, ce qui s'exécutera en trois temps.

Au premier, ils rapporteront la main droite près du corps, élevée à hauteur du chapeau, & porteront la main gauche au milieu de la partie de l'esponton qui sera entre la main droite & le talon.

Au deuxième, ils porteront la main droite au talon de l'esponton.

Au troisième, ils baisseront le bras droit le long du corps, & laisseront retomber le bras gauche à sa place.

Ils feront ensuite demi-tour à droite pour entrer dans le rang ou passer derrière leur troupe ; & se remettront par un demi-tour à droite quand ils seront arrivés à leur place.

QUAND on voudra faire sortir les Officiers des rangs pour se replacer à la tête de leur troupe, le Major avertira : *Sortir du rang.*

Messieurs les Officiers, à la tête de vos troupes.

LE changement de position de l'esponton se fera en trois temps, après que les Officiers étant sortis du rang, se feront placés à la tête de leur troupe.

Au premier, ils l'empoigneront de la main gauche à environ deux pieds du talon.

Au deuxième, ils porteront la main droite à l'esponton à la hauteur du chapeau.

Au troisième, ils appuyeront à terre le talon de l'esponton, comme il a été dit.

QUAND on fera présenter les armes au bataillon, les Officiers présenteront de même l'esponton en deux temps. *Présenter l'esponton.*

C

Au premier, ils l'empoigneront de la main gauche à la hauteur de l'épaule.

Au deuxième, effaçant le corps à droite, ils le laisseront tomber sur le bras gauche.

Salut de l'esponton, de pied ferme.

L'OFFICIER étant reposé sur l'esponton à la tête de sa troupe, saluera en quatre temps.

Au premier, il fera à droite, portant l'esponton de biais, le talon élevé à deux pieds de terre seulement, le bras tendu à la hauteur de l'épaule ; & la main gauche empoignera l'esponton environ trois pieds au dessus du talon.

Au deuxième, la main droite quittant l'esponton, la gauche le fera tourner doucement jusqu'à ce que la lance soit baissée en avant près de terre, & que le talon vienne joindre la main droite qui sera toûjours à hauteur de l'épaule.

Au troisième, il ramènera l'esponton dans la même situation où il étoit à la fin du premier temps.

Au quatrième, il se remettra par un à gauche, comme il étoit avant de saluer : il ôtera ensuite son chapeau de la main gauche, & ne le remettra que quand celui qui reçoit le salut, l'aura dépassé de quelques pas.

L'Officier qui salue doit avoir attention de commencer ses mouvemens assez à temps, pour que, lorsqu'il baissera la lance de l'esponton, la personne à laquelle il rend le salut, soit encore éloignée de trois pas, afin que quand elle sera vis-à-vis de lui, il soit remis à sa place.

Il observera aussi, si cette personne vient par la gauche, de faire un demi à gauche avant de commencer le salut, afin de ne lui pas tourner le dos lorsqu'il sera à droite.

Salut de l'esponton en marchant.

POUR saluer de l'esponton en marchant, lorsque l'on sera à environ trente pas de la personne à qui le salut est dû, on portera l'esponton en avant, & le tournant de façon que la lance se trouve en arrière, on le mettra tout de suite sur l'épaule droite, le tenant plat, le coude à la hauteur de l'épaule.

On continuera à marcher dans cette position d'un pas égal, jusqu'à ce qu'on soit à neuf ou dix pas de cette personne, & alors le salut se fera en six temps.

11

Au premier, en avançant le pied gauche & effaçant le corps comme si on faisoit à droite sur le talon droit, on portera l'esponton devant soi, le tenant plat, à la hauteur des épaules, la main gauche à trois pieds du talon.

Aux deuxième & troisième temps, en avançant successivement le pied droit & le pied gauche, on fera tourner l'esponton de la main gauche, comme il a été dit pour le salut de pied ferme; observant que l'esponton se trouve droit lorsque le pied droit arrivera à sa place, & que la lance soit près de terre lorsque le pied gauche arrivera à la sienne.

Aux quatrième & cinquième temps, on fera les mouvemens contraires à ceux qui auront été faits aux deuxième & troisième; observant de même que l'esponton se trouve droit à la fin du pas qui sera fait du pied droit, & qu'il se trouve plat après qu'on y aura joint la main droite, le pied gauche arrivant à terre.

Au sixième, en avançant le pied droit, on remettra l'esponton sur l'épaule; ensuite avançant le pied gauche, on ôtera le chapeau, que l'on portera à la main à côté de soi, jusqu'à ce qu'on ait dépassé tous ceux à qui on doit honneur: après quoi on le remettra sur la tête; & quelques pas au-delà on ôtera l'esponton de dessus l'épaule pour le porter à la main.

LES Officiers des Grenadiers porteront en toute occasion le fusil sur le bras gauche; & quand la troupe aura la bayonnette au bout du fusil, ils l'y auront de même.

QUAND ils auront à se reposer sur le fusil, comme pendant le maniement des armes & dans les haltes qui seront un peu longues, ce mouvement se fera en trois temps.

Au premier, ils porteront la main droite au dessus de la platine, en détachant l'arme du corps & la détournant avec la main gauche, de façon que le fusil soit sur son plat, les poignets élevés à la hauteur des coudes.

Au deuxième, poussant le fusil de la main gauche au côté droit, ils l'empoigneront de la main droite près de l'extrémité de la monture, de manière qu'il soit perpendiculaire, la crosse à un demi-pied de terre, vis-à-vis la pointe du pied droit.

Au troisième, ils laisseront tomber la crosse du fusil à

terre, un demi-pied à côté de la pointe du pied droit, tournant la foûgarde en dehors, & la main gauche retombera à sa place.

LORSQUE de cette attitude les Officiers voudront remettre le fusil sur le bras, ce mouvement se fera pareillement en trois temps.

Au premier, ils éleveront le fusil avec la main droite de deux pieds de terre, le rapprochant un peu du corps, pour que la main gauche puisse le saisir au dessus de la platine.

Au deuxième, lâchant le fusil de la main droite pour la porter derrière le chien, ils replaceront le fusil sur le bras gauche, comme il étoit précédemment.

Au troisième, ils laisseront tomber la main droite le long du corps.

LES Officiers de Grenadiers salueront de pied ferme en quatre temps.

Au premier, faisant à droite, on observera de bien empoigner le fusil de la main droite derrière le chien, tandis qu'on le quittera de la main gauche, & on le portera sur la droite, le bras tendu à hauteur de l'épaule.

Au deuxième, on baissera le bout du fusil à terre, le soûtenant de la main gauche qu'on aura portée en avant, & sur laquelle on l'appuyera à deux travers de doigt de la foûgarde.

Au troisième, on se remettra comme on étoit à la fin du premier temps.

Au quatrième, on se replacera par un à gauche, & on joindra la main gauche au fusil ; après quoi on ôtera le chapeau de la main droite, & on le remettra comme il a été dit au salut de l'esponton.

On aura la même attention de commencer ces mouvemens assez tôt pour que le salut du fusil se fasse trois pas en avant de la personne ; & si elle venoit par la gauche, de les faire précéder par un demi à gauche.

Ces Officiers salueront de la même manière en marchant.

Le premier temps se fera en avançant le pied gauche, dix pas avant d'être vis-à-vis de la personne qu'on devra saluer.

Le

13

Le deuxième, en faisant deux autres pas, de façon que le bout du fusil arrive près de terre en même temps que le pied gauche posera en avant.

Le troisième, en faisant le quatrième & le cinquième pas.

Le quatrième, en avançant le pied droit.

LES Enseignes appuyeront le talon de leur drapeau sur la hanche droite, le tenant un peu de biais. *Salut du drapeau.*

Lorsqu'ils devront saluer, ils en baisseront doucement la lance jusqu'auprès de terre, la relèveront de même, & ôteront ensuite leur chapeau de la main gauche.

Ils prendront leur temps de façon que quand ils baisseront le drapeau, il s'en manque de quelques pas que celui qu'ils salueront ne soit vis-à-vis d'eux.

LES Sergens porteront le talon de leur hallebarde *Sergens.* dans la main droite, en toute occasion : ils pourront cependant s'appuyer sur leur hallebarde quand les Officiers le seront sur l'esponton ; en ce cas, ils la tiendront à côté d'eux, le bras tendu à la hauteur de l'épaule, ou collé au corps quand les files seront serrées.

Ils présenteront aussi la hallebarde en avant, quand les Officiers feront ce mouvement de l'esponton.

Les Sergens de Grenadiers porteront leur fusil de même que les Officiers des compagnies.

Les Sergens ne feront d'autre salut qu'en ôtant leur chapeau de la main gauche.

DE LA MARCHE.

L'ON ne se servira que des différens pas ordonnés par *Pas du Soldat.* l'Instruction concernant l'exécution de l'ordonnance du 7 mai 1750.

En toute occasion où le contraire ne sera point ordonné, le Soldat marchera le pas ordinaire de deux pieds, portant le fusil ou l'ayant sur le bras gauche, selon que le Commandant l'ordonnera.

D

Lorsque l'on battra la charge, il marchera le pas redoublé, portant le fusil haut, ou la bayonnette présentée en
avant, aussi selon que le Commandant jugera à propos
de l'ordonner.

Tous les Soldats partiront toûjours du même pied.

Rangs à files
serrées.

LES rangs & les files étant serrés, chaque Soldat
occupera environ deux pieds de tout sens; & lorsqu'il
marchera, il devra toûjours sentir le coude de l'homme
de sa droite; mais il ne le serrera pas de façon qu'il ne
puisse faire le maniement de ses armes : quant à la distance
de deux pieds, elle se mesurera d'une pointe à l'autre
du pied droit de deux Soldats de même rang ; & d'un
rang à l'autre, du talon d'un Soldat à celui du Soldat qui
le précède.

Rangs ouverts.

LORSQUE l'on fera ouvrir les rangs, on conservera
plus ou moins de distance entre eux selon l'étendue du
front sur lequel on devra marcher : si c'est par bataillon,
on gardera douze pieds de distance d'un rang à l'autre;
huit pieds, si c'est par demi-rangs ou par manches, &
quatre pieds seulement si c'est par pelotons ou par sections.

Distances.

LORSQUE l'on marchera en colonne, on conservera
d'une division à l'autre un espace égal à l'étendue du front
de chacune de ces divisions.

Défilé.

LORSQU'UNE troupe étant en marche il se trouvera
quelque empêchement qui ne permettra pas au front de
la division de passer en entier, si le passage est sur la
droite, les hommes de la gauche de chaque rang, qui
ne pourront marcher devant eux, fileront derrière la
droite de leur rang ; & aussi-tôt qu'ils auront passé le défilé,
ils reprendront diligemment leur place : la même chose
s'observera par ceux de la droite des rangs, si le défilé
est sur la gauche. Si le défilé se trouve dans le centre,
les hommes du centre du rang passeront les premiers; &

ceux de la droite & de la gauche des rangs, se jetant derrière le centre, passeront ensuite.

Ce mouvement se commencera dans chaque division quelques pas avant qu'elle entre dans le défilé; & au sortir du défilé, les parties de rang qui auront été rompues, doubleront le pas pour s'y rejoindre, afin qu'il n'y ait point de retardement à la marche de ceux qui les suivent.

LORSQU'EN marchant à rangs ouverts il s'agira de faire un quart de conversion, le premier rang de chaque division étant arrivé sur le terrein où elle doit tourner, l'Officier qui la conduira lui commandera, *Halte, serrez vos rangs;* aussi-tôt les trois derniers rangs se serreront sur le premier; il commandera tout de suite, *Marche,* & les quatre rangs feront ensemble légèrement le quart de conversion. Dès qu'il sera fait, l'Officier commandera, *Halte,* & aussi-tôt après, *Marche;* & alors toute la division partira du pied gauche, chaque rang observant de reprendre sa distance.

Quart de conversion en marchant.

Ces commandemens faits à une division, ne doivent influer en rien sur la marche de la division qui la suit.

LE bataillon marchant en bataille, la compagnie de Grenadiers & le piquet seront à sa droite & à sa gauche.

Quand il marchera par demi-rang, la compagnie de Grenadiers marchera avec le premier demi-rang, & le piquet avec le second demi-rang.

S'il marche par de moindres divisions, la compagnie de Grenadiers & le piquet feront chacun leur division particulière à la tête & à la queue du bataillon.

Places des Grenadiers & du Piquet en marche.

DES EVOLUTIONS PAR RANGS
ET PAR FILES.

LORSQU'UN bataillon étant en bataille les rangs ouverts, on voudra les faire serrer en avant, on fera les commandemens suivans :

Serrer les rangs.

1. *Je parle aux trois derniers rangs, pour serrer les rangs en avant.*

2. *Marche.*

Au deuxième commandement, les trois derniers rangs marcheront jusqu'à ce que chaque rang soit à deux pieds de celui qui le précède.

On fera serrer les rangs en arrière en commandant :

1. *Je parle aux trois premiers rangs, pour serrer les rangs en arrière.*

2. *Demi-tour à droite.*

3. *Marche.*

4. *Remettez-vous.*

Au deuxième commandement, les trois premiers rangs feront demi-tour à droite.

Au troisième, ils marcheront jusqu'à ce qu'ils soient à deux pieds de distance.

Au quatrième, ils se remettront par un demi-tour à gauche.

Ouvrir les rangs. POUR faire ouvrir les rangs en arrière, on commandera :

1. *Je parle aux trois derniers rangs, pour ouvrir les rangs en arrière.*

2. *Demi-tour à droite.*

3. *Marche.*

4. *Halte.*

5. *Remettez-vous.*

Au deuxième commandement, les trois derniers rangs feront demi-tour à droite.

Au troisième, ils marcheront pour prendre les distances ordonnées; savoir, le quatrième rang quinze pas, le troisième dix pas, & le deuxième cinq pas.

Au

17

Au quatrième, ils s'arrêteront.

Au cinquième, ils se remettront par un demi-tour à gauche.

Si la situation du terrein exige que l'on fasse ouvrir les rangs en avant, on commandera :

1. *Je parle aux trois premiers rangs, pour ouvrir les rangs en avant.*

2. *Marche.*

3. *Halte.*

Au deuxième commandement, les trois premiers rangs marcheront en avant, le premier quinze pas, le deuxième dix pas, & le troisième cinq pas.

Au troisième, ils s'arrêteront, leurs distances étant prises.

Quand on fera ouvrir les rangs, le bataillon étant par division, si c'est par demi-rang ou par manches, au lieu de quinze pas on n'en fera que neuf, & trois seulement si le bataillon est par pelotons ou par sections.

Toutes les fois que l'on voudra faire serrer & ouvrir les rangs à une troupe qui sera en marche, on lui fera faire halte pour l'exécuter.

POUR serrer & ouvrir les files, on se conformera à ce qui est prescrit par l'ordonnance du 7 mai 1750, & par l'Instruction qui y est relative. *Ouvrir & serrer les files.*

LORSQU'UN bataillon étant en bataille les rangs & les files ouverts, on voudra en étendre le front en diminuant sa hauteur, on commandera : *Doublement par rangs.*

1. *Que les premier & troisième rangs ne bougent.*

2. *Par second & quatrième rangs, doublez vos rangs en avant.*

3. *Marche.*

Les deux premiers commandemens ne serviront que d'avertissement.

E

Au troifième, les Soldats des deuxième & quatrième rangs, partiront enfemble du pied gauche, & iront, en marchant le pas ordinaire, placer le pied droit à la gauche du Soldat de leur file qui fera devant eux.

Quand ils auront mis le pied fur le terrein du premier & du troifième rangs, on commandera :

Halte.

A ce commandement, les Soldats qui auront doublé, placeront les deux pieds, le corps & les epaules, fur le même alignement des autres Soldats des mêmes rangs.

Dédoublement des rangs. POUR dédoubler les rangs, & remettre le bataillon comme il étoit précédemment, on fera les commandemens fuivans :

1. *Demi-tour à droite.*

2. *Par fecond & quatrième rangs, reformez vos rangs en arrière.*

3. *Marche.*

Au premier commandement, tout le bataillon fera demitour à droite.

Le deuxième ne fera qu'un avertiffement.

Au troifième, les Soldats des deuxième & quatrième rangs partiront enfemble du pied gauche pour aller reprendre leur place ; & en y arrivant, ils auront attention d'y replacer leur pied gauche dans l'endroit où il étoit précédemment.

Lorfqu'ils feront arrivés à leur première place, on commandera :

Remettez-vous.

Tout le bataillon fe remettra par un demi-tour à gauche.

Doublement par files. SI l'on veut donner plus de profondeur au bataillon en diminuant fon front, on commandera :

1. *Files qui devez doubler, prenez garde à vous.*

2. *A droite & à gauche par pelotons, doublez vos files.*

29. juin 1753.

19

3. *Marche.*

4. *A gauche.*

Le premier commandement ne sera qu'un avertissement, après lequel cependant le Sergent de la droite de chaque peloton rangé de droite à gauche, avertira la première file de la droite, la troisième & toutes les autres files impaires, qu'elles ne devront bouger; la deuxième & toutes les autres files paires, qu'elles devront marcher.

Cet avertissement ne sera plus nécessaire lorsque les Soldats seront accoûtumés à se compter eux-mêmes par un, deux.

Au deuxième commandement, les files qui devront doubler feront à droite.

Au troisième, elles partiront du pied gauche pour aller gagner le milieu de l'intervalle des autres files, où elles s'arrêteront ayant les deux pieds sur la même ligne.

Au quatrième, elles feront à gauche, se dresseront sur leur chef de file, & s'aligneront entr'elles.

Dans les pelotons rangés de gauche à droite, ce seront la première file de la gauche & toutes les autres files impaires qui ne remueront point de leur place : les files paires feront à gauche; & lorsqu'elles auront doublé, elles se remettront par un à droite.

POUR dédoubler les files & rendre au bataillon le front qu'il avoit précédemment, on commandera : *Dédoublement des files.*

1. *Remettez vos files.*

2. *Marche.*

Au mot de *marche,* les files qui auront doublé partiront ensemble, & marchant le pas de côté en avant sur leur gauche ou sur leur droite, elles iront reprendre leur place dans les rangs dont elles étoient sorties; & lorsqu'elles y seront arrivées, on commandera, *Halte.*

Après avoir fait ces mouvemens sur la droite pour doubler & dédoubler les rangs & les files, on les fera sur la gauche.

QUAND on voudra porter la droite d'une troupe à *Contre-marche par rangs.*

la place de fa gauche, & fa gauche à la place de fa droite, fans changer de terrein, on commandera :

1. *A droite par rangs, faites la contre-marche.*

2. *Marche.*

Au premier commandement, on fera à droite.

Au deuxième, la file de la droite de chaque rang fera demi-tour à droite fur le talon droit, & marchera devant elle jufqu'à ce qu'elle foit arrivée à l'endroit où elle joindra la file de la gauche du même rang : alors elle fe jettera fur la droite pour fe remettre fur le même alignement. Toutes les autres files la fuivront en faifant les mêmes mouvemens, jufqu'à ce que la file de la droite foit arrivée à la place que la file de la gauche occupoit, où elle s'arrêtera, ainfi que la file de la gauche s'arrêtera à la place que la file de la droite occupoit.

La contre-marche étant achevée, on commandera :

Halte.

Alors toutes les files feront à droite fur le talon droit, excepté la file de la gauche, devenue file de la droite, qui fera à gauche fur le talon gauche.

Pour remettre la troupe comme elle étoit auparavant, on lui fera faire la contre-marche par la gauche, en commandant :

1. *A gauche par rangs, faites la contre-marche.*

2. *Marche.*

3. *Halte.*

On exécutera ces commandemens par les mouvemens oppofés à ceux qui font expliqués pour faire la contre-marche par la droite.

Dans l'exécution de la contre-marche, les Officiers & Sergens fuivront les Soldats de leur compagnie : les Sergens des aîles des rangs ne quitteront cependant leur place qu'après que le mouvement fera fait, étant néceffaire qu'ils y reftent pour indiquer aux Soldats le lieu où

21

ils devront tourner, & celui où les files des aîles devront
s'arrêter.

QUAND on voudra porter le premier rang d'une
troupe où étoit le dernier, on commandera :

1. *A gauche par files, faites la contre-marche.*

2. *Marche.*

Ce commandement s'exécutera de deux manières ; l'une
en faisant passer le premier rang sur l'alignement du quatrième ; le deuxième rang sur l'alignement du troisième ; le
troisième sur l'alignement du second, & le quatrième sur
l'alignement du premier.

L'autre manière est de retourner le premier rang sans lui
faire perdre son alignement, & de faire passer les trois
autres rangs dans le terrein auquel le premier faisoit face
précédemment.

L'une & l'autre manœuvre exigent que les hommes du
même rang ne soient pas trop serrés, afin qu'en effaçant
le corps, ceux des différens rangs puissent passer aisément
les uns entre les autres.

Suivant la première de ces deux manières,

Au premier commandement, les chefs de file feront
demi-tour à gauche, faisant face à l'intervalle des files.

Au deuxième commandement, tout marchera devant soi,
le premier rang pour aller prendre la place du quatrième, le
deuxième rang & le troisième pour aller successivement faire
leur demi-tour à gauche sur l'alignement où le premier
rang aura fait le sien, puis aller prendre le terrein qu'ils
doivent occuper ; tandis que le quatrième rang viendra
prendre la place du premier, où étant arrivé, il fera demi-
tour à gauche comme les trois autres.

Pour exécuter la contre-marche par files, de la seconde
façon,

Au premier commandement le premier rang fera à
gauche, & les trois autres rangs ne bougeront.

Au deuxième commandement, les Soldats du deuxième
rang marcheront en avant, & effaçant le corps, iront passer
à côté de leur chef de file, le laissant à gauche ; dès qu'ils
l'auront dépassé, ils feront aussi à gauche.

F

Les troisième & quatrième rangs s'ébranleront en même temps que le deuxième, le suivront & feront à gauche; le troisième, après avoir dépassé le deuxième; & le quatrième, après avoir dépassé le troisième.

Ensuite les quatre rangs feront à gauche ensemble au commandement qui leur en sera fait, pour faire face du côté auquel ils tournoient le dos précédemment.

Ce mouvement sera fait avec vivacité par le pas redoublé.

Les Officiers & Sergens étant dans les rangs, feront la contre-marche de même que les Soldats.

On remettra le bataillon comme il étoit auparavant, en faisant une seconde fois cette même contre-marche.

Border la haie. POUR border la haie, il y a de même deux méthodes qui exigent toutes deux également que l'on commence par faire ouvrir les rangs en arrière, pour prendre des distances proportionnées à la force des compagnies.

Après cette disposition, on commandera suivant la première méthode.

1. *Demi-tour à droite.*

2. *A gauche & à droite par compagnie, bordez la haie.*

3. *Marche.*

4. *Remettez-vous.*

La troupe ayant fait demi-tour à droite au premier commandement.

Au troisième, chaque rang des compagnies de la droite des pelotons fera à gauche un quart de conversion, & ira s'appuyer à la file de la droite du rang suivant; & chaque rang des compagnies de la gauche des pelotons, fera à droite un quart de conversion, pour aller se joindre à la file de la gauche du rang suivant.

Au quatrième commandement, les deux compagnies du même peloton se feront face, en se remettant par un demi-tour à gauche.

23

Suivant la seconde méthode, on commandera :

1. *Je parle aux demi-rangs des compagnies du centre des pelotons.*

2. *Demi-tour à droite.*

3. *A droite & à gauche par compagnie, bordez la haie par un quart de conversion sur le centre.*

4. *Marche.*

5. *Remettez-vous.*

Au deuxième commandement, les demi-rangs de la gauche des compagnies qui sont à la droite des pelotons, & ceux de la droite des compagnies qui en ont la gauche, feront demi-tour à droite.

Au quatrième, chaque rang de compagnie fera un quart de conversion centrale.

Au cinquième, les demi-rangs qui ont fait demi-tour à droite, feront demi-tour à gauche, pour que les compagnies du même peloton se fassent face.

Lorsqu'on voudra remettre les compagnies en bataille on leur fera former les rangs par des mouvemens contraires à ceux qu'ils auront faits pour border la haie.

DES ÉVOLUTIONS
pour rompre & reformer les bataillons.

APRÈS avoir fait marcher les bataillons en bataille, tant à rangs ouverts qu'à rangs serrés, en avant & en retraite, on les fera rompre par la droite & par la gauche, par le centre & par les aîles, par compagnies que l'on appellera sections, par deux compagnies couplées que l'on appellera pelotons, par deux pelotons que l'on appellera manches, & par trois pelotons que l'on appellera demi-rangs.

Rompre & reformer les bataillons à droite & à gauche.

Toutes les fois qu'on fera rompre un bataillon, on le fera se reformer par les mouvemens contraires.

F ij

Pour cet effet, on commencera par faire ferrer les rangs, s'ils font ouverts, & on commandera:

1. *A droite* (ou à gauche) *par fections* (ou par pelotons, par manches, par demi-rangs) *rompez le bataillon.*

2. *Marche.*

3. *Halte.*

4. *A gauche* (ou à droite) *par fections* (ou par pelotons, &c.) *reformez le bataillon.*

5. *Marche.*

6. *Halte.*

Le premier commandement avertira du côté par lequel le bataillon devra fe rompre, & du nombre de divifions qu'il devra former en fe mettant en colonne.

Au deuxième, toutes les divifions s'ébranleront à la fois *(à moins que le contraire ne foit ordonné)* faifant marcher leurs gauches ou leurs droites, & foûtenir leurs droites ou leurs gauches.

Au troifième, les divifions s'arréteront où elles fe trouveront.

Le quatrième fera pour avertir quand le commandement fe fera à la voix; mais fi c'eft au fon de la caiffe, on formera le bataillon dès que les Tambours commenceront à battre aux drapeaux.

Au cinquième, on fera marcher les droites ou les gauches des divifions, tandis que les gauches ou les droites ne bougeront; & le bataillon fe trouvant en bataille, marchera en avant jufqu'au fixième commandement, auquel il s'arrêtera.

Places des Officiers en rompant.

Toutes les fois que l'on rompra le bataillon, le premier Officier de chaque divifion s'avancera d'un pas en avant au centre de fon premier rang, d'où il la conduira; obfervant de conferver toûjours en marchant, comme il a été dit, la diftance de l'étendue du front de fa divifion entre fon premier rang & le premier rang de la divifion qui le précède.

Lorfque

25

Lorsque les divisions se remettront en bataille, cet Officier retournera à son poste.

L'on fera marcher le bataillon, étant ainsi rompu, tant à rangs ouverts qu'à rangs serrés.

Si, le bataillon marchant en colonne, on veut augmenter son front, on doublera ou triplera les divisions suivant les méthodes suivantes.

Doubler & tripler les divisions en marchant.

1. *Prenez garde à vous pour doubler les divisions en se jetant sur la gauche.*

2. *Marche.*

Au deuxième commandement, toutes les divisions paires, marchant le pas de côté, se jetteront sur leur gauche ; & lorsque leur file droite se trouvera à la hauteur de la gauche des divisions impaires qui les précèdent, & qui auront continué de marcher devant elles au petit pas, elles iront s'y joindre par le pas redoublé ; & quand elles s'y seront rejointes, elles continueront de marcher le pas ordinaire.

Pour doubler les divisions en se jetant sur la droite,

On fera marcher les divisions impaires le pas de côté en avant sur leur droite, & les divisions paires viendront se placer à leur gauche, marchant droit devant elles, d'abord le petit pas, & ensuite le pas redoublé dès que la gauche de la division précédente sera à la hauteur de leur droite.

On fera les mêmes commandemens pour dédoubler les divisions, & on les exécutera ;

En faisant continuer de marcher devant elles les divisions impaires, & jeter sur leur droite les divisions paires par le pas de côté, pour aller se placer derrière les impaires, reprenant leurs distances.

Cet ordre sera renversé, comme il a déjà été observé, dans les bataillons rangés de gauche à droite, lesquels devront marcher par leur gauche.

Pour augmenter encore davantage son front, on triplera les divisions quand le bataillon sera rompu par manches ou par pelotons.

Si c'est par manches, la première division composée du

G

premier & du troisième pelotons, marchera le pas de côté en avant sur sa droite : la deuxième division composée des cinquième & sixième pelotons, continuera de marcher en avant au petit pas, jusqu'à ce que la gauche de la division précédente étant à la hauteur de sa droite, elle marchera au pas ordinaire pour l'aller joindre ; & elles marcheront ensemble au petit pas, jusqu'à ce que la troisième les ait jointes. Cette dernière division qui sera composée du deuxième & du quatrième pelotons, marchera le pas de côté en avant sur sa gauche, jusqu'à ce que sa droite se trouve à la hauteur de la gauche de la division précédente : elle marchera alors le pas redoublé pour la rejoindre, de manière que les trois divisions étant arrivées sur la même ligne, le bataillon se trouvera en bataille & marchera le pas ordinaire.

En même temps que les manches exécuteront ce mouvement, la compagnie de Grenadiers qui sera à la tête de la première division, marchera le pas de côté à droite plus obliquement, pour prendre la droite du bataillon ; & le piquet qui sera à la queue de la troisième division, marchera pareillement sur la gauche pour prendre la gauche du bataillon.

Si le bataillon est rompu par pelotons, la première division formée par le premier peloton, marchera le pas de côté en avant sur la droite : la seconde division formée par le troisième peloton, marchera en avant pour aller se placer à la gauche du premier ; & la troisième division formée par le cinquième peloton, marchera le pas de côté en avant à gauche, pour aller joindre sa file droite à la file gauche du troisième peloton. Ce mouvement fait, ces trois pelotons formeront un demi-rang.

Les trois divisions suivantes formeront un second demi-rang dans l'ordre suivant : la première formée par le sixième peloton, marchera le pas de côté à droite en avant, pour aller se placer derrière le premier peloton : la deuxième formée par le quatrième peloton, continuera à marcher devant elle : & la troisième formée par le deuxième peloton, marchera le pas de côté sur la gauche, pour aller se mettre sur la gauche du quatrième peloton. La compagnie de Grenadiers & le piquet marchant encore plus obliquement que les pelotons, iront se placer, les Grenadiers à la droite du premier demi-rang, & le piquet à la gauche du second demi-rang.

Pour faire remettre ces mêmes divisions en colonne,

27

comme elles étoient auparavant d'avoir été triplées, on commandera :

1. *Prenez garde à vous, divisions, pour vous remettre en colonne.*

2. *Marche.*

Au deuxième commandement, si le bataillon est en bataille, la compagnie des Grenadiers & la manche de la droite marcheront le pas oblique à gauche : la manche du centre marchera en avant le petit pas ; & la manche de la gauche, ainsi que le piquet, marcheront le pas oblique à droite.

Si le bataillon est sur deux demi-rangs, la compagnie de Grenadiers, le premier peloton & le sixième, marcheront le pas oblique à gauche : le troisième peloton & le quatrième marcheront devant eux au petit pas ; le cinquième & le deuxième, ainsi que le piquet, marcheront le pas de côté en avant à droite.

Pour exécuter ce mouvement, il est nécessaire que les deuxièmes divisions attendent, pour partir, que les premières aient gagné en avant la distance qui doit être entr'elles, & que les troisièmes laissent prendre quelques pas aux deuxièmes devant elles.

LE régiment ou le bataillon étant en bataille à rangs & files serrés, on lui fera faire des quarts de conversion par la droite & par la gauche, tant au régiment entier qu'à chaque bataillon séparément, par les commandemens suivans :

Quarts de conversion.

1. *A droite (ou à gauche) par bataillon (ou par régiment), faites un quart de conversion.*

2. *Marche.*

3. *Halte.*

Au premier commandement, la compagnie de Grenadiers & le piquet, s'ils sont séparés du bataillon, s'en rapprocheront par la droite & par la gauche, & s'y rejoindront pendant que les trois derniers rangs se serreront sur le premier.

Au deuxième, tout le bataillon, ou le régiment, se mettra

en mouvement du pied gauche, de quelque côté que la conversion se fasse : l'aile qui devra parcourir la grande circonférence, marchera en avant le pas ordinaire ou le pas redoublé, selon qu'il sera ordonné; & ce mouvement ira en diminuant, à mesure qu'il se rapprochera de l'aile qui soûtiendra : les Officiers, Sergens & Soldats ayant toûjours les yeux sur l'aile qui marchera, & réglant sur elle leurs mouvemens, afin qu'ils ne soient ni trop lents ni trop précipités, & pour éviter que les rangs ne crèvent ou ne fassent le ventre.

Conversion centrale.

LES commandemens pour la conversion centrale par bataillon, seront :

1. *Prenez garde à vous, bataillon, pour faire la conversion centrale.*

2. *Demi-rang de la droite, demi-tour à droite.*

3. *A droite par demi-rang, faites un quart de conversion.*

4. *Marche.*

5. *Halte.*

6. *Remettez-vous.*

Au deuxième commandement, le demi-bataillon de la droite fera demi-tour à droite.

Au quatrième, les demi-bataillons marcheront par les ailes, & le centre du bataillon soûtiendra.

Au cinquième, tout le bataillon s'arrêtera.

Au sixième, le demi-bataillon de la droite fera demi-tour à gauche; & sur le champ on fera dresser & aligner les rangs en faisant marcher quelques pas en avant.

Lorsque l'on fera la conversion centrale du bataillon par la gauche, l'aile gauche fera demi-tour à gauche & se remettra par un demi-tour à droite.

Rompre & reformer les bataillons par le centre, pour passer le défilé.

LA manœuvre de rompre & reformer les bataillons par le centre pour le passage d'un défilé, doit se régler sur la largeur de l'ouverture du défilé, afin d'y entrer par

des

29

des divisions proportionnées ; pour cet effet, lorsque la troupe sera près du défilé, on commandera :

1. *Prenez garde à vous, bataillon, pour passer le défilé.*

2. *Que les pelotons du centre ne bougent.*

3. *Je parle au reste du bataillon, à droite & à gauche.*

4. *Marche.*

Au deuxième commandement, les drapeaux passeront en arrière du quatrième rang des pelotons du centre, & y demeureront.

Au troisième, les compagnies des Grenadiers & les deux pelotons de la droite du bataillon feront à gauche, le piquet & les deux pelotons de la gauche feront à droite.

Au quatrième, le cinquième peloton entrera dans le défilé & le passera ; le sixième suivi des drapeaux, en fera de même, & alternativement le troisième, le quatrième, le premier & le deuxième pelotons ; la compagnie de Grenadiers & le piquet faisant face au défilé par un à droite ou par un à gauche, le passeront diligemment, & chaque troupe se reformera à la place après l'avoir passé.

Si le défilé est si serré que l'on ne puisse y passer que par section ou demi-peloton.

Au troisième commandement, tout le bataillon sera à droite & à gauche, à l'exception des deux sections du centre, qui ne bougeront.

Au quatrième, la compagnie de la gauche du cinquième peloton passera la première, suivie de celle de la droite, puis la compagnie de la droite du sixième peloton, suivie de celle de la gauche, & ainsi des autres, chaque peloton se reformant au-delà du défilé.

Si les circonstances exigent de passer le défilé avec précaution.

Au deuxième commandement, la compagnie de Grenadiers marchera quatre pas en avant, fera à gauche, & longera le front du bataillon pour venir se placer en avant du

H

centre : le piquet marchera en même temps quatre pas en avant, fera à droite, & viendra se placer entre la compagnie de Grenadiers & le bataillon.

Au quatrième commandement, la compagnie de Grenadiers entrera dans le défilé de front, ou par moitié de rang, selon la largeur du défilé, & après l'avoir passé, elle se reformera un peu au-delà du terrein que le bataillon devra occuper ; le piquet la suivra de même, & ira se placer à sa gauche, & les pelotons passeront ensuite, comme il a été dit.

S'il ne se trouve pas assez de terrein entre le bataillon & le défilé pour que la compagnie de Grenadiers & le piquet puissent passer le long de la tête du bataillon pour se placer vis-à-vis le centre :

Au deuxième commandement, la compagnie de Grenadiers & le piquet feront demi-tour à droite, marcheront quelque pas, & feront ensuite à droite & à gauche pour passer derrière le bataillon, dont les deux compagnies du centre reculeront de dix pas pour leur faire place.

Au quatrième commandement, la compagnie de Grenadiers qui aura rempli la place abandonnée par les deux compagnies du centre, marchera en avant en faisant à droite pour passer le défilé ; le piquet la suivra en faisant à gauche, & les deux compagnies du centre s'étant rejointes à leurs pelotons, passeront avec eux dans l'ordre qui a été expliqué.

Lorsque cette évolution se fera par deux bataillons :

Au deuxième commandement, les deux compagnies de Grenadiers passant devant ou derrière le bataillon, selon le terrein, viendront se placer devant les piquets qui seront au centre.

Au troisième, le bataillon de la droite fera à gauche, & le bataillon de la gauche fera à droite.

Au quatrième, les deux compagnies de Grenadiers entreront dans le défilé, & ensuite les piquets : on fera passer après successivement les seconds pelotons du premier & du deuxième bataillons, & leurs quatrième, sixième, cinquième, troisième & premier pelotons, lesquels feront à droite & à gauche à mesure qu'ils devront entrer dans le défilé.

31

Les pelotons du premier bataillon ayant paſſé le défilé, iront ſe placer ſur la droite de leur piquet, & ceux du deuxième bataillon ſur la gauche du leur; & les bataillons étant formés, les compagnies de Grenadiers iront reprendre leur place à leur droite & à leur gauche.

On rompra le bataillon par les ailes pour repaſſer le défilé en commandant:

Rompre les ba-
taillons par les
ailes pour repaſ-
ſer le défilé.

1. *Prenez garde à vous, bataillon, pour repaſſer le défilé.*

2. *Marche.*

Au premier commandement, la compagnie de Grenadiers & le piquet marcheront quatre grands pas en avant.

Au ſecond, les Grenadiers & le piquet feront à gauche & à droite, & iront par la tête du bataillon ſe placer vis-à-vis le centre, à côté l'un de l'autre.

Lorſque le piquet couvrira le ſecond peloton, les Soldats de ce peloton feront demi-tour à droite, & marcheront quatre grands pas en arriére du bataillon; puis ils feront à gauche pour longer la queue du bataillon juſqu'au défilé qu'ils paſſeront en faiſant à droite: après quoi, faiſant un autre à droite, ils iront prendre la gauche du terrein que le bataillon devra occuper de l'autre côté du défilé, auquel ils feront face par un troiſiéme à droite.

Le premier peloton fera la même manœuvre quand la compagnie de Grenadiers le couvrira faiſant demi-tour à droite, & à droite pour venir joindre le ſecond peloton; paſſera le défilé à ſa ſuite après avoir fait à gauche; fera encore à gauche après l'avoir paſſé pour aller occuper le terrein où devra être la droite du bataillon; & s'y remettra par un troiſiéme à gauche.

Les autres pelotons de gauche & de droite ſuivront ſucceſſivement le ſecond & le premier, obſervant de faire repaſſer les drapeaux avant les deux pelotons du centre.

Le piquet paſſera enſuite, & la compagnie des Grenadiers la derniére.

Toutes ces troupes paſſeront en entier, ou par moitié, ſelon la largeur du défilé.

Lorſque l'on aura deux bataillons à rompre par les ailes pour les faire repaſſer enſemble le défilé;

H 4

Les deux compagnies de Grenadiers se porteront au centre en avant des deux piquets.

Les pelotons des ailes de chaque bataillon manœuvreront successivement, comme il a été dit, commençant par le premier peloton du deuxième bataillon ; ensuite le premier peloton du premier bataillon, & ainsi successivement jusqu'aux piquets & aux Grenadiers qui passeront les derniers.

DE LA COLONNE.

ON formera la colonne de deux manières, l'une pour marcher en avant, l'autre pour faire face à droite ou à gauche : chacune de ces manières sera différente, si la colonne doit être d'un ou de deux bataillons.

Colonne d'un bataillon pour marcher en avant.

LA colonne d'un bataillon pour marcher en avant, se formera par les commandemens suivans, après en avoir prévenu les troupes, soit que les commandemens se fassent à la voix ou au son de la caisse.

1. *Prenez garde à vous, pour former la colonne pour marcher en avant.*

2. *Demi-tour à droite.*

3. *Marche.*

Au deuxième commandement, les Grenadiers feront à gauche, le piquet & le reste du bataillon feront demi-tour à droite.

Au troisième, la manche de la gauche, qui par le demi-tour à droite sera devenue celle de la droite, & la manche du centre, feront chacune un quart de conversion à gauche ; & la manche de la droite, devenue celle de la gauche, fera un quart de conversion à droite. Après cette conversion, les divisions de la gauche & du centre s'arrêteront, tandis que celle de la droite se serrera sur celle du centre, & que le piquet qui aura fait un quart de conversion à gauche sur le flanc de la division de la droite, arrivant avec elle, prendra la queue de la colonne par un autre quart de conversion à gauche.

Pendant le même temps, les Grenadiers auront marché le pas redoublé pour venir gagner la tête de la colonne.

Quand

33

Quand les Tambours cesseront, tout fera face en dehors,
savoir, les Grenadiers par un à droite, les six rangs du
flanc gauche, & quatre rangs du flanc droit de la colonne,
ainsi que le piquet, par un demi-tour à droite.

Quand on battra la charge, toute la colonne fera face
en tête, & marchera le pas redoublé les armes hautes.

Quand on battra aux champs, la colonne fera face
du côté où le Tambour aura commencé à battre; les
Soldats marcheront le pas ordinaire, & porteront leurs
armes sur le bras gauche.

Quand on battra la retraite, la colonne fera face par
la queue, les Soldats portant de même leurs armes, &
marchant le même pas.

Quand les Tambours cesseront de battre, la colonne
fera halte, & tout fera face en dehors, les quatre rangs
extérieurs faisant haut les armes.

Lorsque l'on voudra faire rompre cette colonne pour
la remettre en bataille, on commandera:

Prenez garde à vous pour rompre la colonne.

A ce commandement, les deux manches de la gauche
du bataillon feront face à gauche de la colonne, & celle
de la droite du bataillon fera face à droite de la colonne:
les Grenadiers feront à droite, & le piquet fera face à la
queue de la colonne.

Quand on battra aux drapeaux, les Grenadiers & le
piquet se mettront en même temps en mouvement; les
Grenadiers, par le pas redoublé iront reprendre la droite
du bataillon, où ils se remettront en faisant à gauche; & le
piquet, après avoir fait un quart de conversion à droite, pour
prendre la gauche de la division de la gauche, marchera
avec elle le pas redoublé jusqu'à ce qu'elle soit arrivée à l'endroit où ils devront faire ensemble leur quart de conversion
pour se remettre en bataille: alors les trois divisions s'ébranleront à la fois pour faire un quart de conversion, celle de
la droite sur sa gauche, & les deux autres sur leur droite.

ON formera la colonne de deux bataillons pour marcher en avant, en commandant:

*Colonne
de deux bataillons
pour marcher
en avant.*

I

1. *Prenez garde à vous, pour former la colonne
pour marcher en avant.*

2. *Demi-tour à droite.*

3. *Marche.*

Au deuxième commandement, les Grenadiers de la
droite feront à gauche, & ceux de la gauche feront à
droite ; tout le reste du régiment fera demi-tour à droite.

Au troisième, les Grenadiers marcheront le pas redoublé
pour venir se rassembler au centre des deux bataillons, &
y former la tête de la colonne.

Les piquets marcheront le pas redoublé pour aller
prendre la queue de la colonne.

Les deux bataillons se rompront en même temps, savoir,
le bataillon de la droite, qui sera devenu celui de la gauche,
par demi rangs qui feront un quart de conversion à droite ;
& le bataillon de la gauche, qui sera devenu celui de la
droite, par demi-rangs qui feront un quart de conversion
à gauche.

La conversion étant achevée, les deux demi-bataillons
du centre marcheront le pas ordinaire pour se joindre, &
ceux des deux ailes marcheront le pas redoublé pour
joindre les deux autres.

On fera faire à cette colonne les mêmes mouvemens
qu'à celle d'un bataillon.

Lorsqu'après un roulement on battra la charge, la colonne se séparera en deux & marchera en avant le pas
redoublé, les armes présentées, jusqu'à ce que les Tambours
cessant, elle fasse *halte*.

Les Grenadiers & les piquets couvriront pendant ce temps
l'intervalle entre les deux colonnes.

Lorsqu'après la séparation de la colonne on battra la
retraite, la colonne se rejoindra sur le centre marchant le
pas ordinaire.

Pour rompre cette colonne & se remettre en bataille,
on lui fera le même commandement que pour celle d'un
bataillon ; & l'on battra aux drapeaux.

35

Au commandement, les deux demi-rangs de chaque bataillon feront à droite & à gauche pour faire face en dehors; & lorque les Tambours battront, la colonne se séparera en deux, marchant le pas redoublé pour laisser de la place aux piquets qui marcheront en avant pour reprendre leur place entre les deux bataillons.

Quand les deux demi-rangs de chaque bataillon auront laissé le terrein nécessaire pour le passage des piquets, les demi-rangs du centre de la colonne s'arrêteront, & ceux des ailes continueront de marcher le pas redoublé jusqu'à ce qu'ils aient donné assez de distance aux autres pour pouvoir tous les quatre en même temps, faire un quart de conversion, les uns à droite & les autres à gauche, pour se remettre en bataille.

Pendant ce temps, les compagnies de Grenadiers iront par un à droite & un à gauche reprendre leurs postes aux ailes, marchant le pas redoublé.

La colonne d'un ou de deux bataillons, formée suivant cette méthode, pourra être employée au passage du défilé.

ON mettra un bataillon en colonne sur la droite ou sur la gauche, en commandant:

Colonne d'un bataillon par la droite ou par la gauche.

1. *Prenez garde à vous, pour former la colonne sur la droite (ou sur la gauche).*

2. *A droite par manches, faites un quart de conversion.*

3. *Marche.*

4. *Halte.*

5. *Marche.*

Au premier commandement, qui ne servira que d'avertissement à la compagnie de Grenadiers, au piquet & aux deux manches de la droite, si la colonne doit se former sur la droite, la manche de la gauche fera la contre-marche par files qui lui sera commandée par ses Officiers; après quoi ses files feront face du même côté que le reste du bataillon: au troisième, les trois manches du bataillon exécuteront ensemble le quart de conversion, ainsi que la compagnie de Grenadiers & le piquet; & après son exécution, elles s'arrêteront au quatrième commandement.

Au cinquième, la compagnie de Grenadiers se jettera assez sur la droite par le pas de côté, pour laisser à découvert la première division qui marchera en avant au petit pas, suivie de la seconde marchant le pas ordinaire, & de la troisième au pas redoublé, jusqu'à ce qu'elles se soient jointes à six pas de distance l'une de l'autre.

Le piquet marchant de même le pas redoublé, suivra la troisième division, & se jettera ensuite sur la gauche par le pas oblique.

Ces trois divisions ainsi rapprochées, marcheront en avant, la compagnie de Grenadiers se tenant à la droite, & le piquet à la gauche de la division du centre.

On fera ensuite marcher cette colonne en arrière & sur les flancs.

Pour prendre ces différentes déterminations, les divisions n'auront qu'à faire des à droite, des à gauche & des demi-tours à droite.

Lorsqu'elles marcheront sur leurs flancs, les Commandans des pelotons se porteront à leur tête pour les conduire.

Si lorsque le bataillon sera disposé de cette sorte, on veut en faire usage pour attaquer par le front de la colonne;

On fera repasser la compagnie de Grenadiers en avant de la droite de la première division, & le piquet en avant de la gauche, où ils se joindront.

Le tout continuera à marcher jusqu'à ce que le moment de faire effort soit venu.

Alors la première division se serrera sur les Grenadiers, sans garder d'intervalle: la seconde sur la première; & la troisième sur la seconde.

Si la colonne étant dans cette situation étoit attaquée par de la Cavalerie,

En ce cas, on divisera la compagnie des Grenadiers pour la faire entrer par moitié dans les intervalles entre les droites de la première, de la deuxième & de la troisième divisions : on divisera de même le piquet pour le faire entrer dans les intervalles des gauches des mêmes divisions; & dans le besoin, les quatre files de la droite & de la gauche des

sections

37

sections des ailes, feront face sur le flanc de droite & de gauche.

On formera la colonne de deux bataillons par la droite ou par la gauche, en commandant :

1. *Prenez garde à vous, pour former la colonne sur la droite* (ou sur la gauche.)

2. *A droite par demi-rang, faites un quart de conversion.*

3. *Marche.*

Au premier commandement, le demi-rang de la gauche du bataillon de la gauche fera la contre-marche par files; & fera face ensuite du même côté que le reste du bataillon.

Au troisième, les quatre demi-bataillons feront le quart de conversion à droite. Les Grenadiers & le piquet du premier bataillon se conformeront à ce qui a été prescrit ci-dessus pour la colonne d'un bataillon : le piquet du second bataillon manœuvrera auprès des divisions de ce bataillon de même que la compagnie des Grenadiers du premier bataillon, & celle du second bataillon de même que le piquet du premier.

La conversion étant achevée, la première division ne bougera jusqu'à ce que la seconde soit à six pas d'elle : elle marchera alors au petit pas; la seconde ira joindre la première au petit pas; la troisième joindra la seconde au pas ordinaire; & la quatrième joindra la troisième au pas redoublé.

Quand on voudra disposer cette colonne pour faire une attaque,

On fera passer à la tête les deux compagnies de Grenadiers & un piquet, dont on formera une première division; & l'autre piquet passera à la queue.

Pour résister à la Cavalerie qui voudroit attaquer la colonne,

La compagnie de Grenadiers & le piquet de chaque bataillon se mettront en bataille sur le flanc gauche & le flanc droit des deux divisions de leur bataillon, faisant face

K

en dehors; & la dernière divifion de la colonne fera demi-tour à droite.

Les mêmes manœuvres pourront fe faire avec une brigade compofée de trois, quatre ou même un plus grand nombre de bataillons; en obfervant de fe rompre alors par bataillons entiers, dont on diminueroit le front & augmenteroit la profondeur.

DE L'EXERCICE DU FEU.

COMME il eft effentiel d'accoûtumer les troupes à tirer enfemble au commandement, on les y exercera le plus fouvent qu'il fera poffible, de toutes les manières ci-après prefcrites, fans pouvoir faire ufage d'aucune autre, jufqu'à ce qu'il en foit autrement ordonné. Mais avant de les y exercer par bataillon, & même en moindre nombre, il faut faire prendre à chaque Soldat en particulier, & fur-tout à ceux de recrue, l'habitude de manier fes armes, de les charger promptement, de les bien tenir en joue, & de les tirer quand il eft ordonné, fans faire aucun mouvement.

On fera faire feu aux troupes par fection, par peloton, par manche, par demi-rang, par bataillon, de pied ferme, en marchant en avant & en retraite.

Quand il s'agira de faire tirer tout le bataillon enfemble, le Major en fera le commandement. Si ce doit être par divifion, il avertira de l'efpèce du feu qui devra être exécuté, & chaque Commandant de divifion en fera le commandement à fa troupe dans les temps & l'ordre ci-après indiqués.

Lorfque le régiment étant en bataille on devra l'exercer aux différens feux, le Colonel fe placera contre la file du centre du cinquième peloton, & le Lieutenant-colonel contre la file du centre du fixième peloton du premier bataillon. A l'égard des Commandans de bataillon, ils fe placeront contre la file du centre du cinquième peloton de leur bataillon.

39

Avant de commander les feux, le Major fera mettre le fufil fur le bras gauche en trois temps.

> Au premier temps comme au premier du onzième commandement du maniement des armes.

> Au deuxième, foûtenant le fufil de la main droite, on le laiffera tomber auffi bas qu'il fe pourra, le canon entre le corps & l'épaule gauche, la platine en dehors, la main gauche fur la platine contenant le chien & le baffinet.

> Au troifième, on laiffera tomber la main droite à côté du corps.

LE Major avertira enfuite :

Feu de pied ferme par fections.

Prenez garde à vous, bataillon, pour faire le feu de fection.

Auffi-tôt après, le Commandant du premier peloton faifant à gauche, commandera à la première fection de ce peloton :

1. *Haut les armes.*	En un temps.
2. *Genou en terre.*	En deux temps.
3. *En joue.*	En un temps.
4. *Feu.*	En un temps.
5. *Chargez vos armes.*	En quatorze temps.

Ces commandemens s'exécuteront comme ceux du maniement des armes, à l'exception qu'au dernier temps du cinquième commandement, au lieu de faire haut les armes, on mettra le fufil fur le bras gauche, fi le feu ne doit pas fe continuer.

> En même temps que le Commandant du premier peloton dira *haut les armes*, le Commandant du fixième peloton fera à gauche, & le temps d'après il fera le même commandement ; & de fuite tous les autres à la fection droite de ce peloton.

> Cette progreffion fera obfervée fucceffivement par les Commandans des troifième, cinquième, quatrième & deuxième pelotons, qui en feront tirer les fections droites,

de manière qu'en même temps que l'une fera feu, celle qui fuit fera en joue.

Le Capitaine des Grenadiers fera à gauche quand la fection de la droite du fixième peloton fera feu, & il commandera tout de fuite à la moitié de la gauche de fa compagnie, *haut les armes*, de façon qu'elle mettra en joue quand la fection de la droite du fecond peloton fera feu.

Le Capitaine du piquet fera à droite immédiatement après que celui des Grenadiers aura fait à gauche, & dans le même moment que la fection de la droite du troifième peloton fera feu : il fera mettre en joue la moitié droite de fon piquet, quand les Grenadiers tireront.

Les Officiers qui commanderont les fections gauches des pelotons, continueront dans le même ordre ; & après eux, le Capitaine de Grenadiers, pour faire tirer la droite de fa compagnie ; & celui du piquet, pour faire tirer la gauche de fon piquet : & quand cette dernière divifion fera en joue, la fection de la droite du premier peloton fera en état de recommencer à faire haut les armes, ayant eu quatorze temps pour recharger.

Par pelotons. QUAND le Major demandera que le bataillon faffe feu par peloton,

Le Commandant du premier peloton ayant commandé haut les armes, celui du fixième peloton fera le même commandement deux temps après, de forte que quand il entendra le feu du premier, il fera en état de dire le temps d'après, en joue, & puis feu. Le Commandant du troifième peloton lui fera faire haut les armes, quand le premier peloton tirera ; & en joue immédiatement après que le fixième aura fait feu. Celui du quatrième lui fera faire haut les armes quand le fixième tirera ; & en joue après que le troifième aura fait feu. Celui du cinquième fera faire haut les armes quand le troifième tirera ; & en joue après que le quatrième aura fait feu. Et celui du deuxième fera faire haut les armes quand le quatrième tirera ; & en joue après que le cinquième aura fait feu.

Le Capitaine de Grenadiers qui aura paffé à la droite de fa compagnie, lui fera faire haut les armes quand le cinquième peloton tirera : le Capitaine de piquet qui aura paffé à la gauche de cette troupe, lui fera faire haut les armes quand le deuxième peloton tirera ; & lorfque le piquet aura tiré, le premier peloton pourra recommencer haut les armes, ayant eu quatorze temps pour recharger.

QUAND le Major demandera que le bataillon fasse feu par manches, *Par manches.*

Le plus ancien Officier du premier & du troisième pelotons leur fera les commandemens, & ils les exécuteront ensemble.

Le second & le quatrième pelotons feront haut les armes, quand la première manche fera feu.

Le cinquième & le sixième pelotons feront haut les armes, quand la deuxième manche fera feu.

Les Grenadiers feront haut les armes, quand la troisième manche fera feu ; & le piquet, quand les Grenadiers feront feu ; & quand le piquet mettra en joue, la première manche pourra recommencer à faire haut les armes, ayant eu quatorze temps pour recharger.

QUAND le Major demandera que le bataillon fasse feu par demi-rang, *Par demi-rang.*

Le Commandant du bataillon se plaçant entre le cinquième & le sixième pelotons, fera à droite, pour faire les commandemens à la droite du bataillon ; & quand le demi-rang aura fait feu, il fera demi-tour à droite pour en faire faire autant à la gauche.

Dès que la gauche du bataillon aura fait feu, le Capitaine des Grenadiers fera les commandemens à sa compagnie, & quand elle aura fait feu, le Capitaine du piquet lui fera les commandemens à son tour, de sorte que le premier demi-rang pourra recommencer de faire haut les armes quand le piquet fera feu, ayant eu quatorze temps pour recharger.

ON ne fera tirer le bataillon, en marchant en avant, que par sections & par pelotons ; le Major avertira : *Feu en avant par sections ou par pelotons.*

Prenez garde à vous, bataillon, pour faire feu en marchant par section (ou par peloton).

Le bataillon marchant le petit pas, le Commandant du

premier demi-peloton *(ou peloton)*, lui commandera :

1. *Haut les armes.*

2. *Marche.*

3. *Halte.*

4. *Genou en terre.*

5. *En joue.*

6. *Feu.*

7. *Chargez vos armes.*

Au deuxième commandement, le demi-peloton *(ou le peloton)*, le Commandant étant à sa droite, marchera en avant quatre pas redoublés.

Le troisième commandement étant fait, au quatrième pas le Soldat ne l'achèvera pas, & joindra seulement le pied droit sur l'alignement du gauche.

Pendant l'exécution de ces commandemens le bataillon continuera de marcher le petit pas.

Ce feu se suivra de demi-peloton en demi-peloton *(ou de peloton en peloton)*, finissant par les Grenadiers & le piquet, dans le même ordre qu'il a été dit pour le feu de pied ferme, exécuté par ces différentes divisions.

Le Commandant de chaque division aura attention de la faire marcher assez à temps pour qu'il puisse la faire mettre en joue quand il entendra le feu de celle qui doit tirer avant la sienne.

Feu de retraite. POUR faire feu en se retirant, le Major avertira :

Prenez garde à vous, bataillon, pour faire feu en retraite par section (ou par peloton).

L'Officier commandant la première section *(ou le premier peloton)* lui commandera :

1. *Halte.*

2. *Demi-tour à droite.*

3. *Genou en terre.*

43

4. *En joue.*

5. *Feu.*

6. *Chargez vos armes.*

Au huitieme temps de ce dernier commandement, le Soldat qui, dans le maniement des armes doit avoir le corps effacé sur la gauche, se tournera sur la droite, ainsi que ses armes, pour avoir plus de facilité à charger en marchant en arrière pour aller reprendre sa place dans le bataillon.

Ce feu se suivra de section en section *(ou de peloton en peloton)* dans le même ordre & avec les mêmes attentions qui ont déja été expliqués.

LORSQU'APRÈS avoir passé un défilé, la compagnie de Grenadiers sera arrivée sur le terrein qu'elle doit occuper, & que le piquet sera assez près d'elle pour la soûtenir, le Capitaine lui fera faire feu par compagnie ou par demi-compagnie, & le piquet en sera ensuite autant.

Feu en se formant en avant par le centre.

A mesure que les pelotons arriveront & qu'ils se formeront chacun à sa place, les Officiers qui les commanderont leur feront faire feu successivement par pelotons ou par sections, selon qu'il sera ordonné; observant de ne tirer que quand la compagnie de Grenadiers & le piquet allant gagner la droite & la gauche du bataillon, les auront laissés à découvert.

Si ce feu languissoit par le retard de l'arrivée des pelotons, les Capitaines des Grenadiers & du piquet auront attention de le soûtenir par les différentes décharges qu'ils feront faire à leurs troupes.

LORSQUE pour repasser le défilé, la compagnie de Grenadiers & le piquet longeront le front du bataillon pour aller se placer au centre.

Feu en se formant en arrière par les ailes.

Le Commandant du deuxieme peloton qui doit fermer la gauche du bataillon, le fera tirer avant d'être couvert par le piquet.

Le premier peloton en fera de même avant que les Grenadiers le couvrent, mettant en joue aussi-tôt qu'il aura entendu le feu du second, & tous les autres ainsi successivement, à mesure que le piquet & les Grenadiers en approcheront.

Les Commandans des pelotons observeront de ne faire recharger les armes que lorsque ces pelotons ayant fait demi-tour à droite se trouveront à couvert du bataillon.

Tous les pelotons ayant repassé le défilé, le piquet & les Grenadiers feront feu successivement avant de faire demi-tour à droite pour y entrer.

Feu de colonne. ON fera faire feu aux colonnes des deux espèces qui auront été formées pour marcher en avant, ou pour marcher par la droite ou par la gauche.

Pour cet effet, le Major fera cet avertissement :

Prenez garde à vous, pour faire feu par sections (ou par pelotons).

La colonne d'un bataillon formée pour marcher en avant, ne pourra faire feu que par les deux pelotons de chacun de ses flancs, la compagnie de Grenadiers qui est à sa tête & le piquet qui est à sa queue.

Si c'est par section qu'elle doit tirer, les droites des premier, quatrième, troisième & deuxième pelotons, de la compagnie des Grenadiers & du piquet, feront haut les armes successivement à deux temps d'intervalle l'une de l'autre, & ensuite les gauches.

Si c'est par peloton, le quatrième peloton fera haut les armes quand le premier fera en joue ; ensuite, & dans la même progression, le deuxième & le troisième pelotons, les Grenadiers & le piquet.

La colonne de deux bataillons, formée de même pour marcher en avant, ne pourra faire feu que par les trois pelotons de son flanc droit, les trois pelotons de son flanc gauche, les deux compagnies de Grenadiers qui seront à sa tête, & les deux piquets à la queue.

Si on fait tirer la colonne par sections, les mêmes divisions de chaque bataillon pourront faire haut les armes, & tirer chacune à un temps de distance, & successivement

les

les divisions suivantes dans l'ordre ci-après, savoir; les droites des premier, cinquième & troisième pelotons des compagnies de Grenadiers & des piquets, & ensuite les gauches de ces mêmes divisions.

Si on fait tirer cette colonne par pelotons, les divisions exécuteront les commandemens dans le même ordre à deux temps de distance.

La colonne d'un bataillon, formée sur sa droite, aura deux pelotons à son front pour faire feu, & autant à sa queue; mais elle n'aura, pour couvrir ses flancs, que la compagnie des Grenadiers & le piquet, & le secours qu'elle pourra tirer des quatre files de droite & de gauche des sections des aîles.

Elle pourra faire feu dans la même progression que la colonne formée pour marcher en avant, soit par sections ou par pelotons; observant seulement de faire tirer les petites divisions des sections des aîles, avant les Grenadiers & les piquets.

La colonne de deux bataillons, formée sur la droite, pourra faire feu par les trois pelotons de son front & les trois pelotons de sa dernière division; & sur ses flancs, par ses deux compagnies de Grenadiers & ses deux piquets, ainsi que par les quatre files de la droite & de la gauche des sections des aîles.

On pourra faire tirer cette colonne dans le même ordre que celle de deux bataillons, formée pour marcher en avant, soit par sections ou par pelotons, avec l'attention de faire tirer les files des sections des aîles, avant les Grenadiers & les piquets.

Un bataillon étant formé en colonne, soit par sec- *Feu de chaussée.* tions, par pelotons, par manches ou par demi-rangs, si on veut qu'il fasse feu en marchant en avant dans cet ordre sur une chaussée ou autre passage coupé de droite & de gauche:

Le Capitaine des Grenadiers, marchant avec sa compagnie à la tête de la colonne, lui fera faire haut les armes, puis marchera cinq ou six pas redoublés, après lesquels il

M

fera mettre genou en terre, faire feu, & retirer ſes armes.

Dès que les premiers rangs ſeront relevés il partagera ſa troupe en deux, une moitié fera à droite, & l'autre moitié à gauche, & chacune de ces moitiés marchera devant elle pour gagner, l'une le flanc droit, & l'autre le flanc gauche de la colonne. Les quatre premières files de la droite, & les autres ſucceſſivement de quatre en quatre, feront à droite dès qu'elles auront débordé le front de la colonne, & marcheront au petit pas le long de ſon flanc juſqu'à ce qu'elles en aient débordé la queue; alors elles feront à droite par quatre files pour venir reprendre leur place derrière la dernière diviſion, où elles feront face en tête par un quatrième à droite.

L'autre moitié exécutera la même choſe ſur le flanc gauche de la colonne, en faiſant des à gauche au lieu d'à droite.

Toutes les diviſions feront ſucceſſivement la même manœuvre.

On obſervera, dans la pratique de cette méthode, de remplir le front du terrein, de manière qu'il n'y ait d'eſpace libre de chaque côté de la troupe que ce qu'il en faudra pour laiſſer paſſer quatre hommes de front.

On fera auſſi faire le feu de retraite au bataillon marchant ſur le même terrein à colonne renverſée.

L'Officier qui commandera la dernière diviſion, lui fera faire, *haut les armes, demi-tour à droite, genou en terre, en joue, feu, & retirer les armes.*

Dès que les premiers rangs ſeront relevés, il lui fera faire à droite & à gauche par moitié, pour aller légèrement ſe reformer à la tête de la colonne.

Dès que cette troupe aura laiſſé celle qui ſuit à découvert, elle fera pareillement demi-tour à droite, & le reſte de cette manœuvre juſqu'à la dernière diviſion, après laquelle la première troupe la recommencera, s'il le faut, & les autres ſucceſſivement.

Pendant cette retraite, le bataillon marchera toûjours un pas égal.

On pourra, ſi l'on veut, faire tirer ſucceſſivement les deux moitiés de la diviſion, afin que l'une puiſſe protéger l'autre pendant qu'elle fait feu.

47

ON fera faire auſſi au bataillon le feu de retranche-
ment par rang de demi-peloton.

Il reſtera pour cet effet un Officier à chaque ſection,
les autres Officiers & Sergens ſe retireront derrière les
rangs, & on tiendra les files aſſez ouvertes pour que les
Soldats du rang qui aura tiré, puiſſent paſſer aiſément derrière les autres en chargeant leurs armes.

L'Officier commandant chaque ſection qui ſera à ſa
droite ou à ſa gauche, ſelon qu'elle ſera formée par la
droite ou par la gauche, commandera ſucceſſivement à
chaque rang de cette ſection:

1. *Haut les armes.*

2. *En joue.*

3. *Feu.*

4. *Demi-tour à gauche.*

5. *Marche.*

Dès que les Soldats du premier rang auront fait feu,
ils retireront tout de ſuite leurs armes le bout haut.

Au cinquième commandement, ils marcheront neuf
petits pas, pendant leſquels ils exécuteront les ſept premiers
temps du cinquante-ſixième commandement du maniement
des armes.

Lorſqu'ils ſeront arrivés ſur l'alignement qu'occupoit le
quatrième rang, ils feront encore demi-tour à gauche, &
continueront à marcher le petit pas, achevant de charger
leurs armes pour revenir faire leur ſeconde décharge.

A meſure que les Soldats d'un rang auront tiré, ceux du
rang qui le ſuit, paſſant entre ſes files, viendront ſe former
ſur le même alignement du premier rang, où l'Officier commandant la ſection leur fera les mêmes commandemens.

Quand le premier rang d'un demi-peloton fera feu, on
commandera *haut les armes* à celui de l'autre moitié du
même peloton, & ainſi de même à chaque rang.

La compagnie de Grenadiers & le piquet ſeront auſſi
partagés par moitié pour tirer dans le même ordre, à moins
qu'on n'en veuille réſerver le feu.

M ij

DU RALLIEMENT.

Pour accoûtumer les Soldats à se rallier & à se remettre d'eux-mêmes en bataille, on observera quelquefois, soit après le maniement des armes, ou après des évolutions, de leur faire porter le fusil la crosse haute; & en leur faisant faire un demi-tour à droite, de les envoyer à la paille, ayant attention à ce qu'ils se mêlent bien ensemble.

Pendant ce temps, un Officier major, avec les Officiers qui porteront les drapeaux, les Sergens qui doivent les garder, & un Tambour, iront se placer dans un nouveau terrein, où l'Officier major fera tourner les Officiers chargés des drapeaux du côté où le bataillon devra faire face, qui sera, autant qu'il sera possible, différent de la position où il étoit précédemment.

Lorsque cette disposition aura été faite, le Tambour appellera, & dans l'instant on battra *aux drapeaux*.

Les Soldats mettront aussi-tôt le fusil sur le bras gauche, & ils viendront rejoindre leurs drapeaux le plus vite qu'il leur sera possible, ayant leurs Officiers à leur tête.

Les Officiers & Sergens rallieront promptement leurs compagnies, & leur feront reformer les rangs tels qu'ils étoient précédemment.

DES BATTERIES DES TAMBOURS,
& des signaux relatifs aux évolutions.

Comme il n'est pas possible que la voix des Officiers majors suffise pour qu'ils se fassent entendre sur l'étendue d'un front de plusieurs bataillons, & que pour y suppléer on est obligé de se servir des Tambours, il est indispensable de régler non seulement les batteries qui doivent annoncer chaque mouvement, mais encore les signaux par lesquels le Major doit faire entendre aux Tambours

celles

celles qu'ils ont à faire, afin que cette règle étant uniforme dans toutes les troupes, lorsque plusieurs corps se trouvent joints ensemble, tous les Tambours puissent entendre le signal de celui qui commande, & que tous les régimens se meuvent également à la même batterie.

C'est ce qui a engagé à donner le détail ci-après des batteries, par lesquelles chaque mouvement devra être désigné, & des signaux qui désigneront chaque batterie.

Pour rassembler une troupe, ou pour lui faire serrer les rangs lorsqu'elle est rassemblée, on fera *appeler* les Tambours. *Batteries.*

Pour marcher en avant, on battra *aux champs*.

Tout mouvement qui n'aura point été indiqué, sera annoncé par un roulement s'il doit se faire par la droite, & par deux si c'est par la gauche.

Si le bataillon doit se rompre par section, après un ou deux roulemens on donnera un coup de baguette, deux si c'est par pelotons, trois si c'est par manches, & quatre si c'est par demi-rangs.

Le bataillon étant rompu se reformera dès que l'on battra *aux drapeaux*, & marchera devant lui en bataille, soit qu'on continue cette batterie, ou qu'on batte la charge, même si l'on battoit aux champs, à moins que cette batterie n'eût été précédée de roulemens.

Si le bataillon doit marcher par le centre, on l'annoncera en battant *l'assemblée*, & marquant les divisions par les coups de baguette qui précéderont cette batterie.

Lorsqu'il devra marcher par les ailes en arrière, on battra *la breloque*, après avoir désigné de même les divisions par des coups de baguette.

Les bataillons entiers feront un quart de conversion, quand après un ou deux roulemens suivis de cinq coups de baguette, les Tambours battront *aux champs*: s'il y avoit plus d'un bataillon, on ne donnera point de coups de baguette apres les roulemens quand on voudra leur faire faire ensemble le quart de conversion.

Pour doubler les divisions, on fera trois roulemens qui

feront suivis d'un coup de baguette, fi les premières divifions doivent fe jeter fur la droite; & de deux coups de baguette, fi les deuxièmes divifions doivent fe jeter fur la gauche :

On fera les mêmes batteries pour dédoubler les divifions.

Pour tripler les divifions, on fera quatre roulemens fuivis d'un coup de baguette, & on les fera remettre par la même batterie.

Le bataillon fera demi-tour à droite fi l'on bat *la retraite*, & marchera devant lui.

On ceffera de marcher toutes les fois que les Tambours cefferont de battre.

On battra *la breloque* pour envoyer les Soldats à la paille.

Signaux. A l'égard des fignaux que le Major devra donner aux Tambours;

Il agitera fa canne circulairement autant de fois qu'il voudra que les Tambours faffent des roulemens.

Il marquera de même avec fa canne les coups de baguette qu'ils devront donner.

Pour faire battre *aux champs*, il lèvera fa canne droite le bout en haut, ayant le bras tendu à la hauteur de l'épaule.

Pour faire battre *aux drapeaux*, il aura le bras tendu, le poignet tourné en dedans, de façon que la canne croife horizontalement devant lui à la hauteur de la cravatte.

Pour faire battre *la charge*, il portera fa canne directement devant lui, le bout en avant, ayant le bras tendu.

Pour faire *appeler*, il mettra fa canne fur l'épaule.

Pour faire battre *la retraite*, il prendra fa canne par le milieu, le poignet tourné en dedans, le bras tendu à la hauteur de la cravatte.

Pour faire battre *l'affemblée*, il prendra fa canne par la pointe, le bras tendu devant lui à hauteur de la cravatte, & la tiendra perpendiculaire le bout en bas.

Pour faire battre *la breloque*, il tiendra la canne pendue par le cordon, la main plus haute que la tête.

DES REVUES.

LORSQU'UN régiment ou bataillon devra passer en revûe ;

Si c'est devant un Officier général ou quelqu'autre personne de distinction, il sera formé comme il doit l'être devant l'ennemi ; à la seule exception que les Capitaines seront chacun devant le centre de leur compagnie, à deux pas de distance du premier rang, ayant leur Lieutenant à leur gauche ou à leur droite, selon que leur compagnie sera formée par la droite ou par la gauche : & alors les Sergens de chaque compagnie rempliront les places que ces Officiers devroient occuper dans le premier rang du bataillon.

S'il s'agit d'une revûe de l'Inspecteur ou du Commissaire des guerres, les compagnies partiront du quartier, rangées suivant l'ordre de l'ancienneté de leurs Soldats ; & elles prendront cependant dans le bataillon le rang qui est marqué à chacune pour la formation des pelotons.

A l'égard des Drapeaux, lorsqu'ils seront arrivés à la tête du bataillon, ils se placeront devant les deux pelotons du centre ; & les Officiers, Sergens & Soldats du piquet qui auront été les chercher, iront par derrière le bataillon prendre leur rang dans les compagnies dont ils seront.

Dans l'un & l'autre cas, les Drapeaux étant placés, le Major fera ôter la bayonnette, & mettre le fusil sur l'épaule.

Si, pour la revûe de l'Inspecteur ou du Commissaire, on veut faire mettre les compagnies sur un même rang, on se servira d'une des deux méthodes ci-dessus indiquées pour faire border la haie par compagnie.

Alors les Officiers, Sergens & Tambours, se placeront à la tête de leurs compagnies.

Si on fait défiler les compagnies par quart de rang ou

autrement, le Capitaine marchera quatre pas en avant du premier rang de fa compagnie, le Lieutenant à fa gauche un peu en arrière, les Sergens un pas derrière le Lieutenant, & le Tambour un pas derrière les Sergens.

On fera les livrets dans le même ordre que les compagnies feront rangées.

Fait à Verfailles, le vingt-neuf juin mil fept cent cinquante-trois. *Signé* M. P. DE VOYER D'ARGENSON.

9 782329 248172